CURSIVE HANDWRITING WORKBOOK

FOR KIDS

Dog Edition

This book belongs to:

_____

Please email

optimisticpixel@gmail.com

to receive free practice sheets, certificates and other surprises!

CONTENTS

CHAPTER 1
ALPHABET

In this chapter, you will start forming both uppercase and lowercase cursive letters. Please begin by placing your pencil on dot number **1** to start. Draw a line to connect the dots in order until you reach dot number **10** at the end. Try some on your own once you connect the dots by tracing the dotted-line letters below.

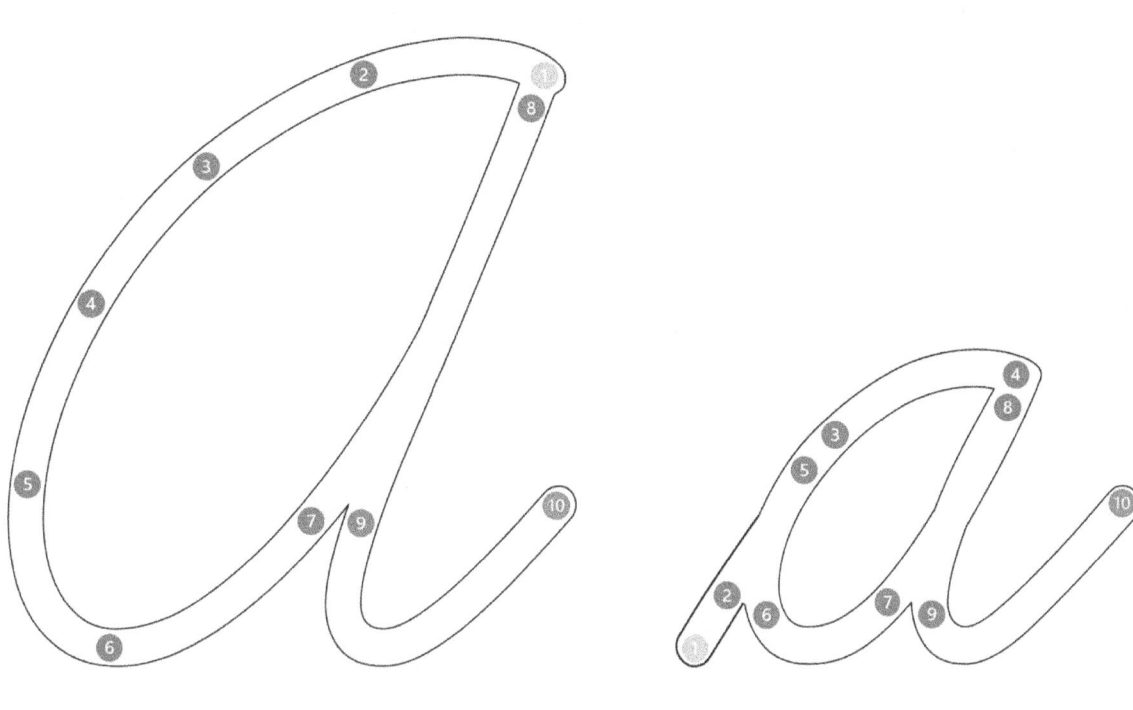

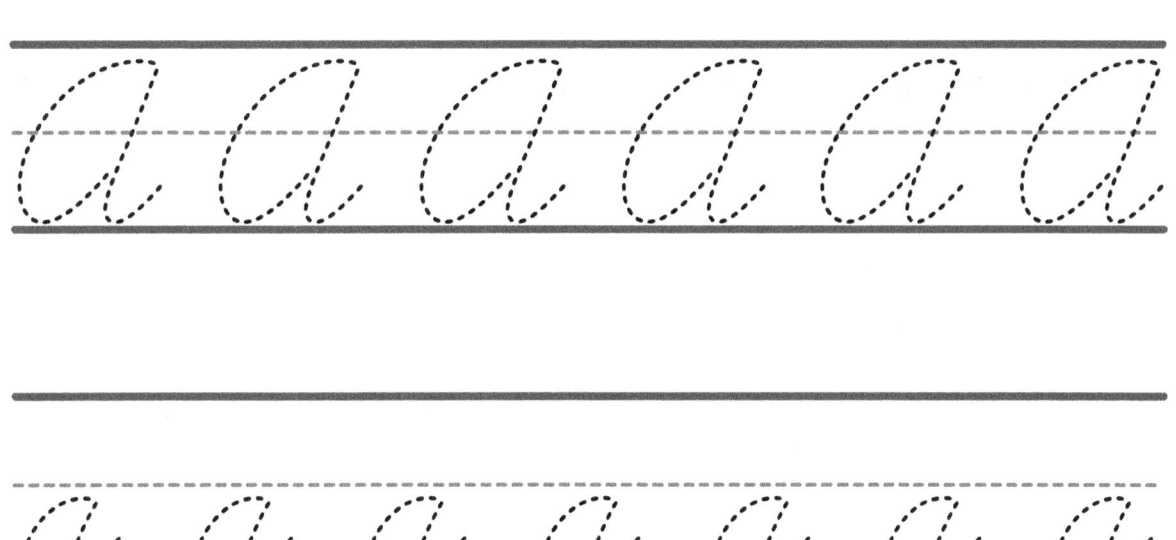

Aa *Bb* *Cc* *Dd* *Ee* *Ff* *Gg* *Hh* *Ii* *Jj* *Kk* *Ll* *Mm* *Nn* *Oo* *Pp* *Qq* *Rr* *Ss* *Tt* *Uu* *Vv* *Ww* *Xx* *Yy* *Zz*

Aa Bb Cc Dd Ee Ff Gg Hh Ii Jj Kk Ll Mm Nn Oo Pp Qq Rr Ss Tt Uu Vv Ww Xx Yy Zz

a a a a a a

2

Aa *Bb* *Cc* *Dd* *Ee* *Ff* *Gg* *Hh* *Ii* *Jj* *Kk* *Ll* *Mm* *Nn* *Oo* *Pp* *Qq* *Rr* *Ss* *Tt* *Uu* *Vv* *Ww* *Xx* *Yy* *Zz*

Aa Bb Cc Dd Ee Ff Gg Hh Ii Jj Kk Ll Mm Nn Oo Pp Qq Rr Ss Tt Uu Vv Ww Xx Yy Zz

Aa *Bb* *Cc* *Dd* *Ee* *Ff* *Gg* *Hh* *Ii* *Jj* *Kk* *Ll* *Mm* *Nn* *Oo* *Pp* *Qq* *Rr* *Ss* *Tt* *Uu* *Vv* *Ww* *Xx* *Yy* *Zz*

Aa Bb Cc Dd Ee Ff Gg Hh Ii Jj Kk Ll Mm Nn Oo Pp Qq Rr Ss Tt Uu Vv Ww Xx Yy Zz

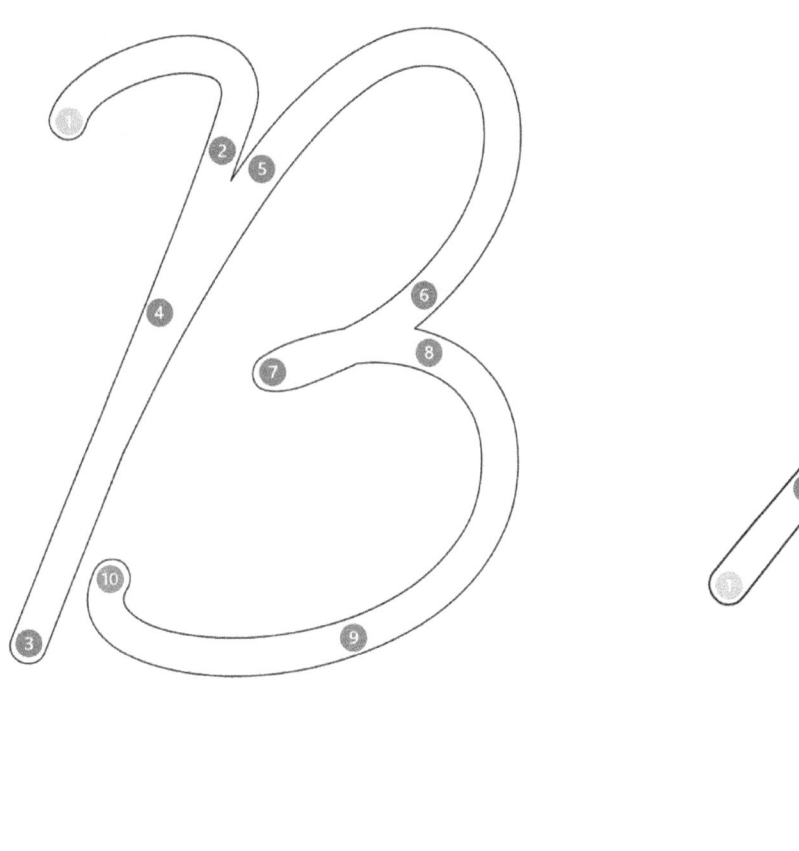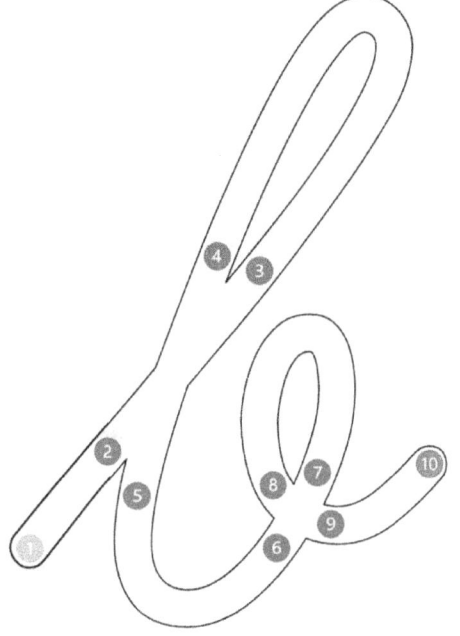

B   B   B   B   B   B

B   B   B   B   B   B

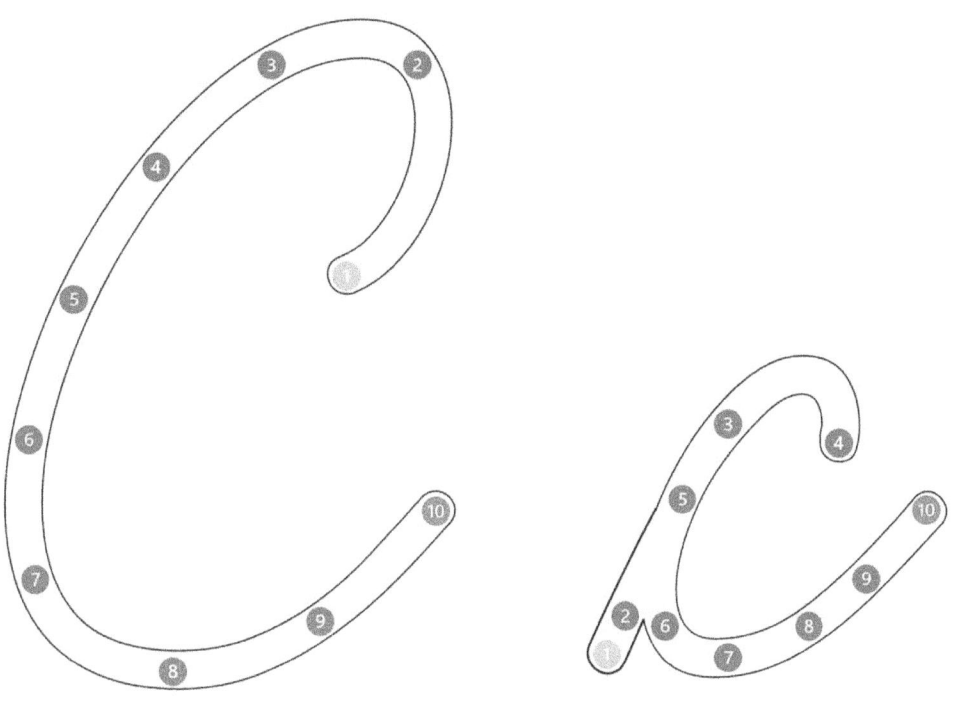

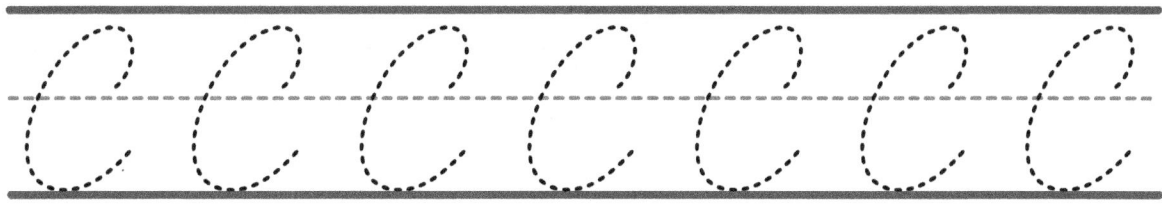

9

Aa Bb **Cc** Dd Ee Ff Gg Hh Ii Jj Kk Ll Mm Nn Oo Pp Qq Rr Ss Tt Uu Vv Ww Xx Yy Zz
Aa Bb **Cc** Dd Ee Ff Gg Hh Ii Jj Kk Ll Mm Nn Oo Pp Qq Rr Ss Tt Uu Vv Ww Xx Yy Zz

11

Aa Bb Cc Dd Ee Ff Gg Hh Ii Jj Kk Ll Mm Nn Oo Pp Qq Rr Ss Tt Uu Vv Ww Xx Yy Zz
Aa Bb Cc Dd Ee Ff Gg Hh Ii Jj Kk Ll Mm Nn Oo Pp Qq Rr Ss Tt Uu Vv Ww Xx Yy Zz

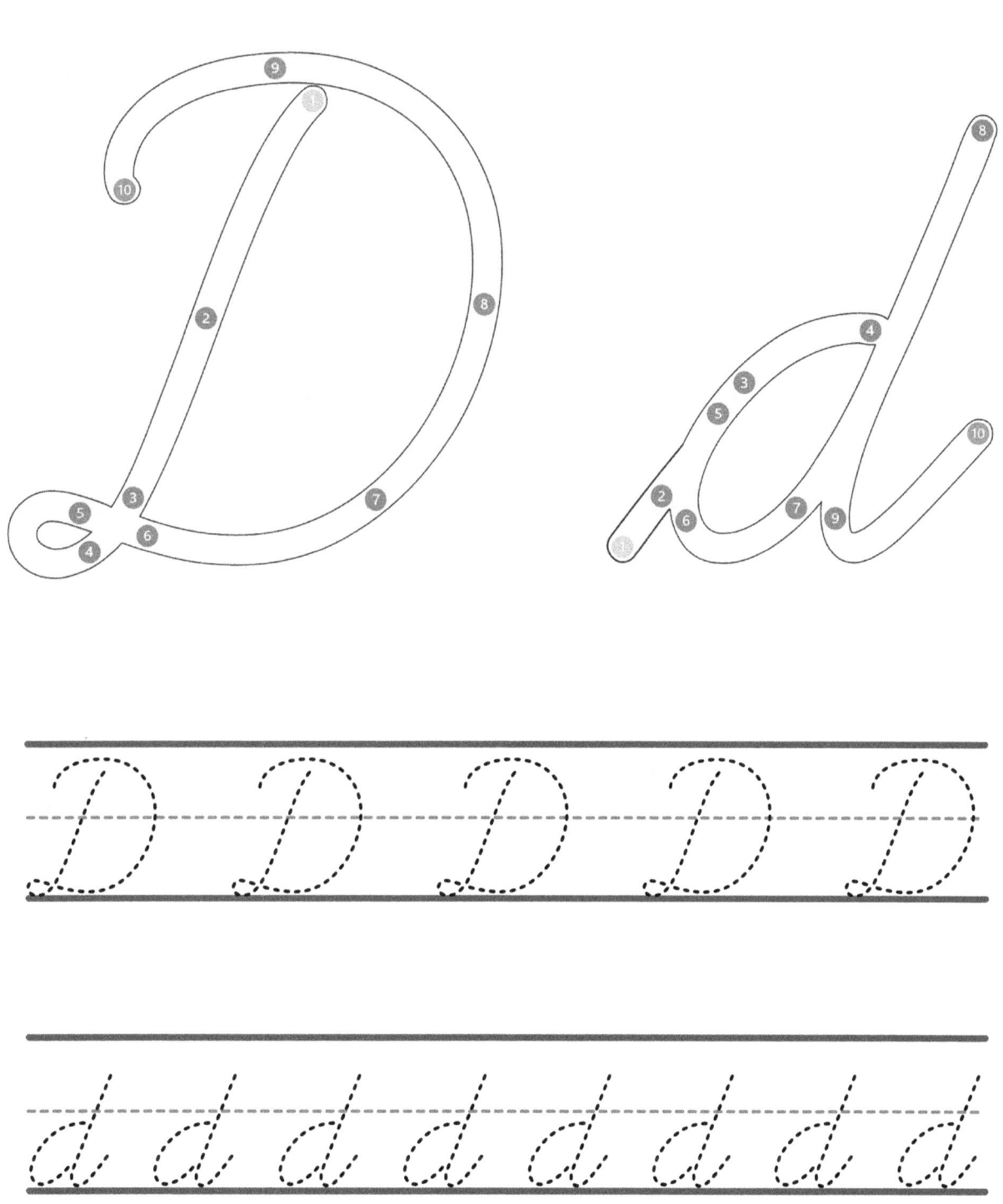

D D D D D

d d d d d d d d

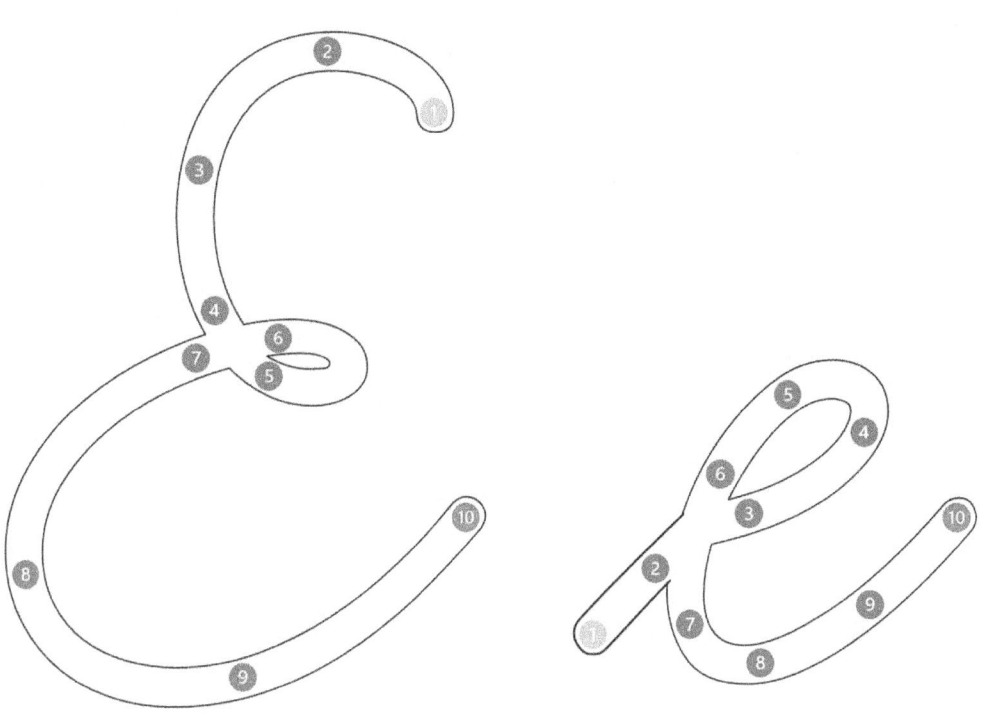

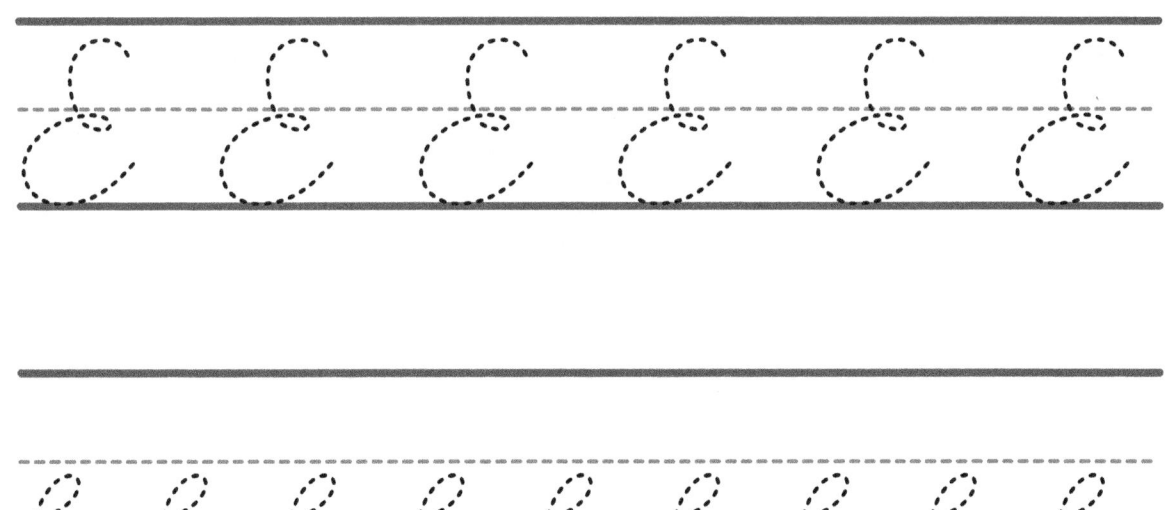

e e e e e e e e e

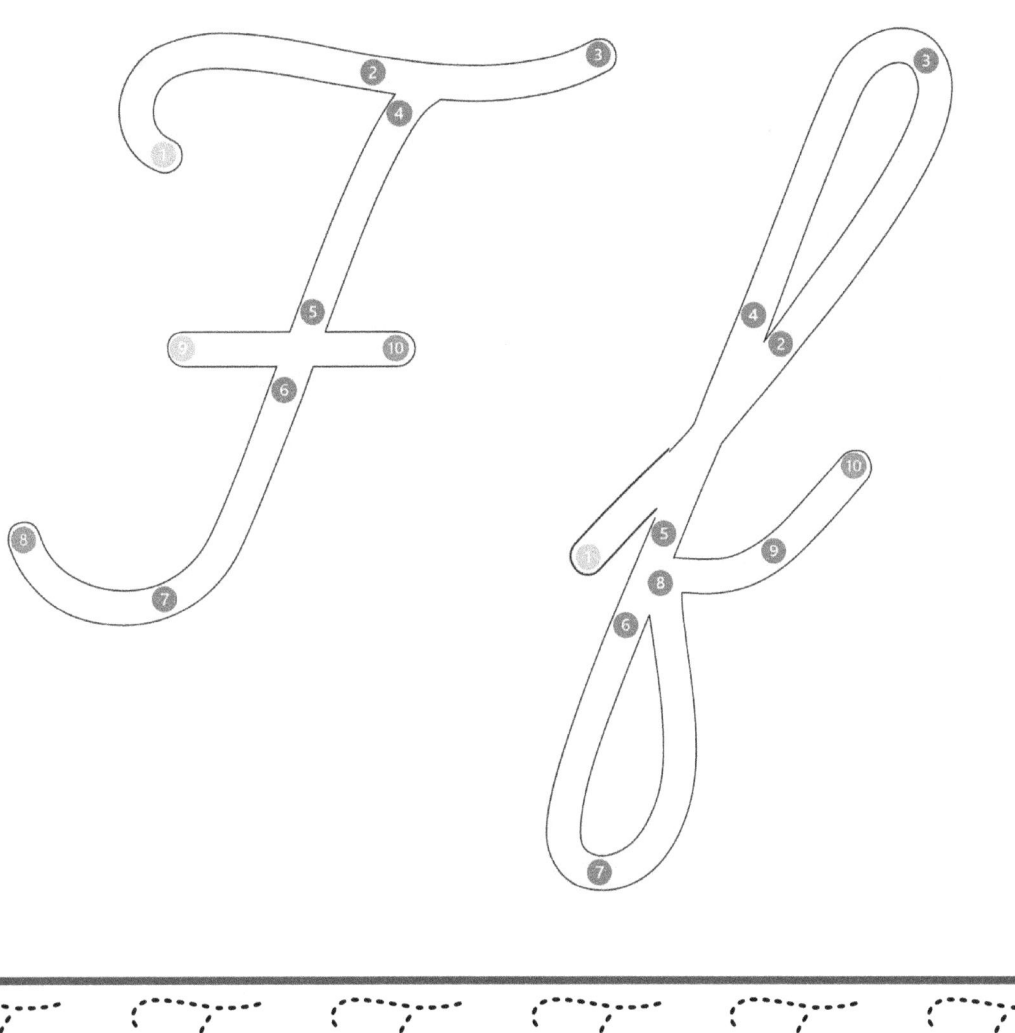

21

F F F F F F

22

23

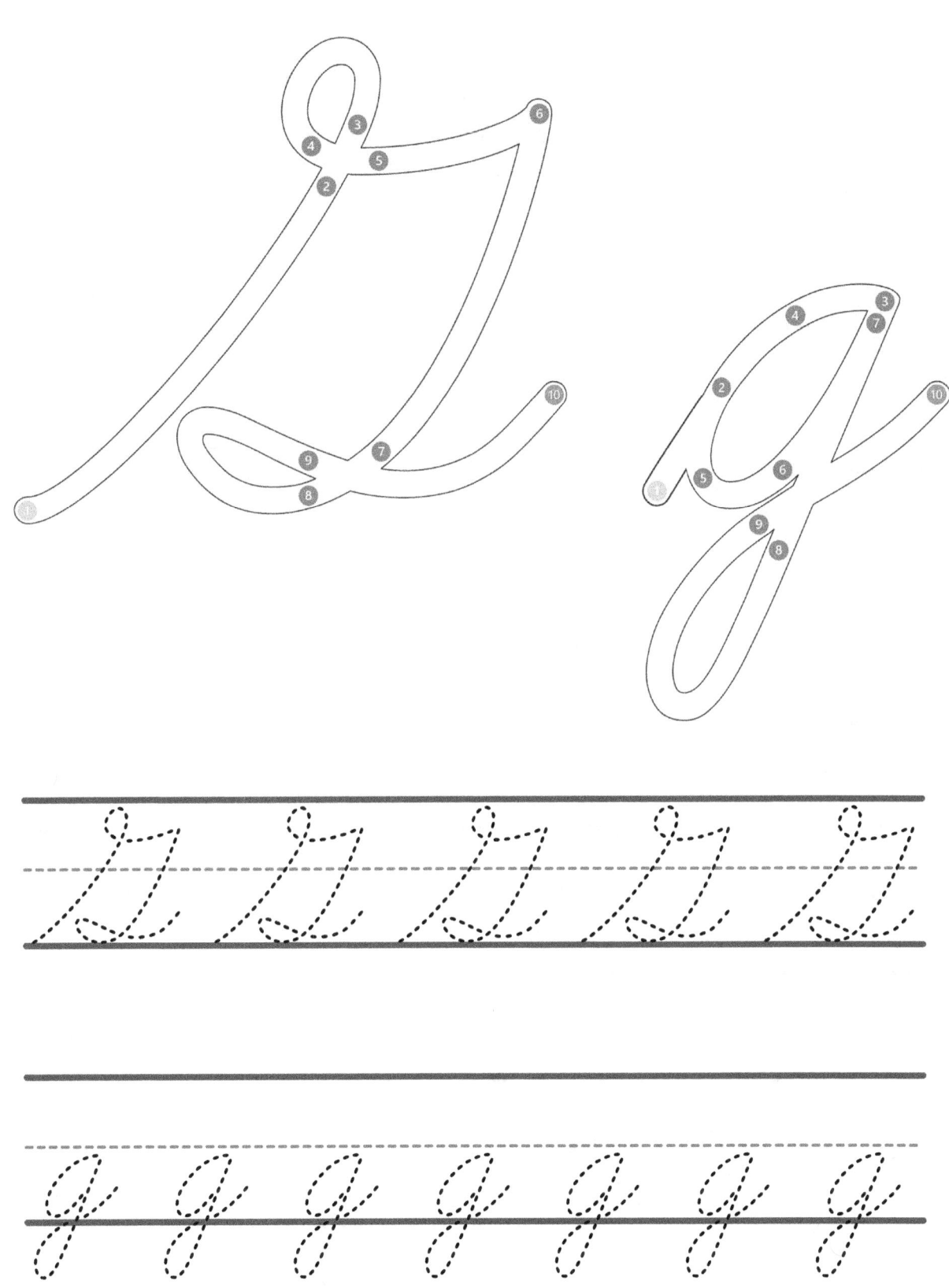

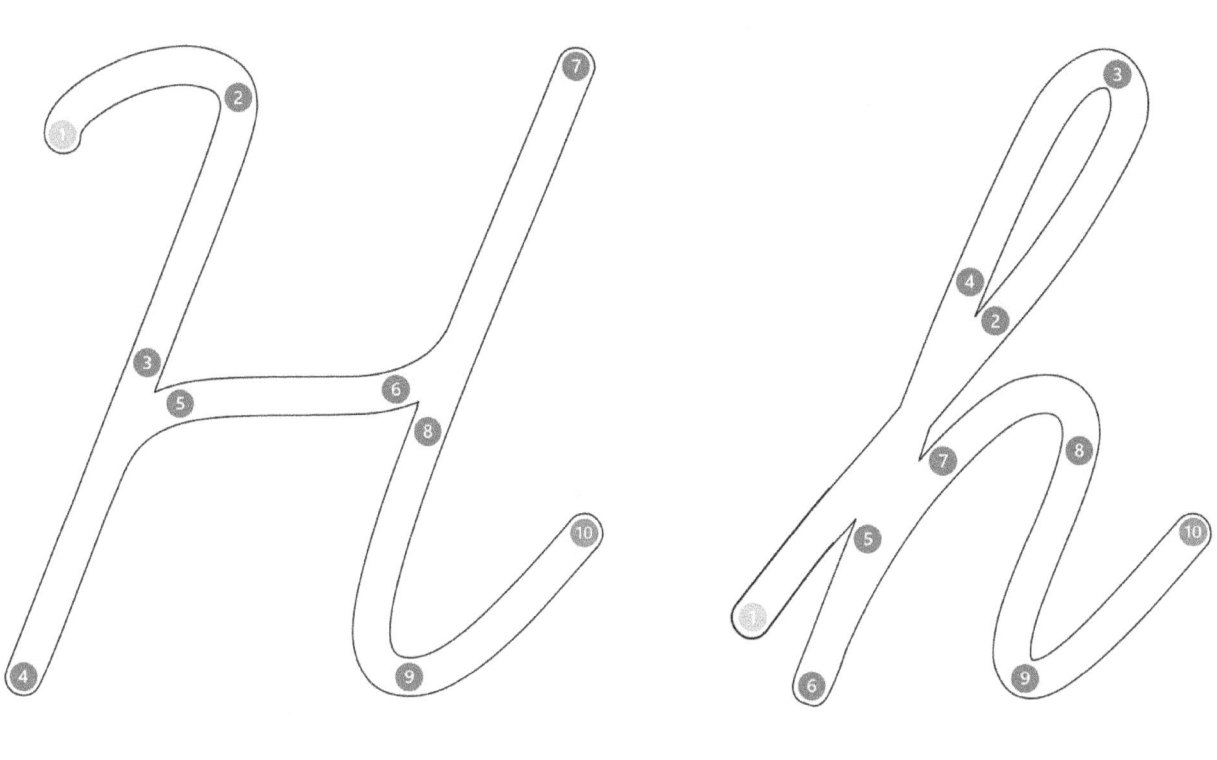

29

h h h h h h h h

31

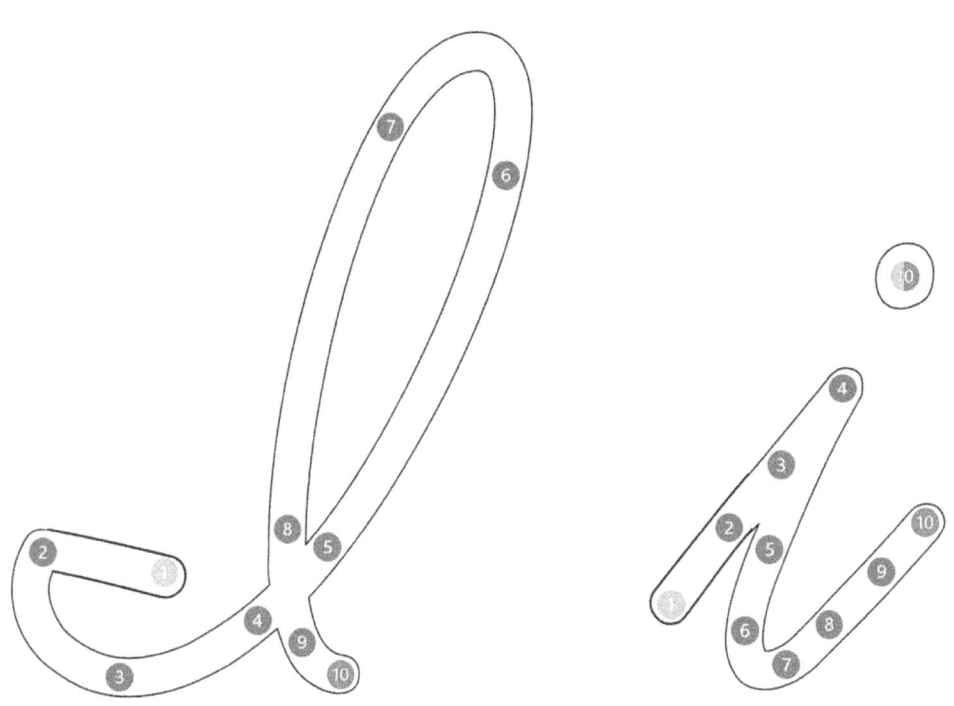

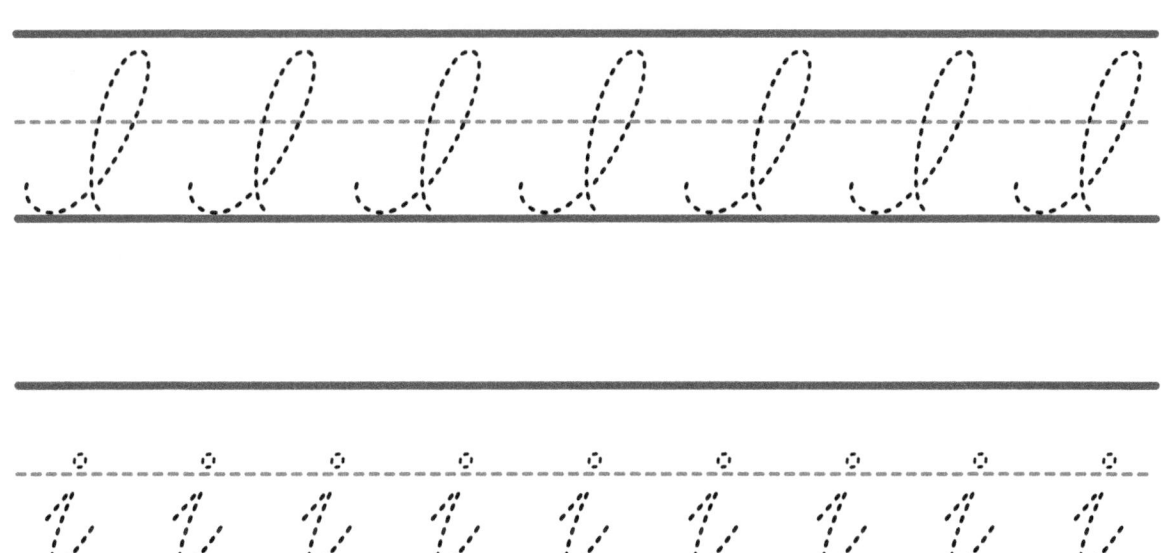

l l l l l l l

i i i i i i i i i i

Aa Bb Cc Dd Ee Ff Gg Hh Ii Jj Kk Ll Mm Nn Oo Pp Qq Rr Ss Tt Uu Vv Ww Xx Yy Zz

Aa Bb Cc Dd Ee Ff Gg Hh Ii Jj Kk Ll Mm Nn Oo Pp Qq Rr Ss Tt Uu Vv Ww Xx Yy Zz

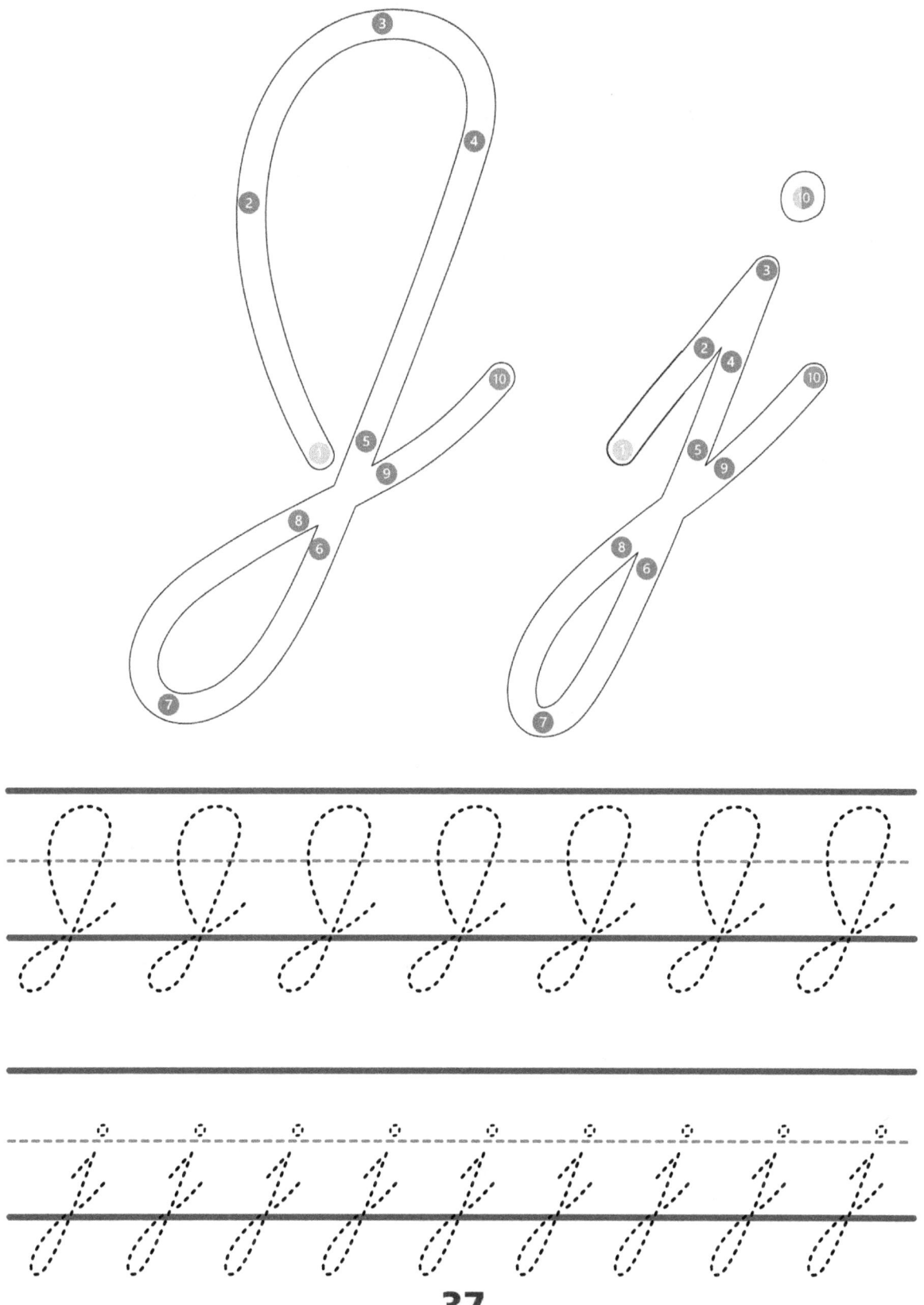

37

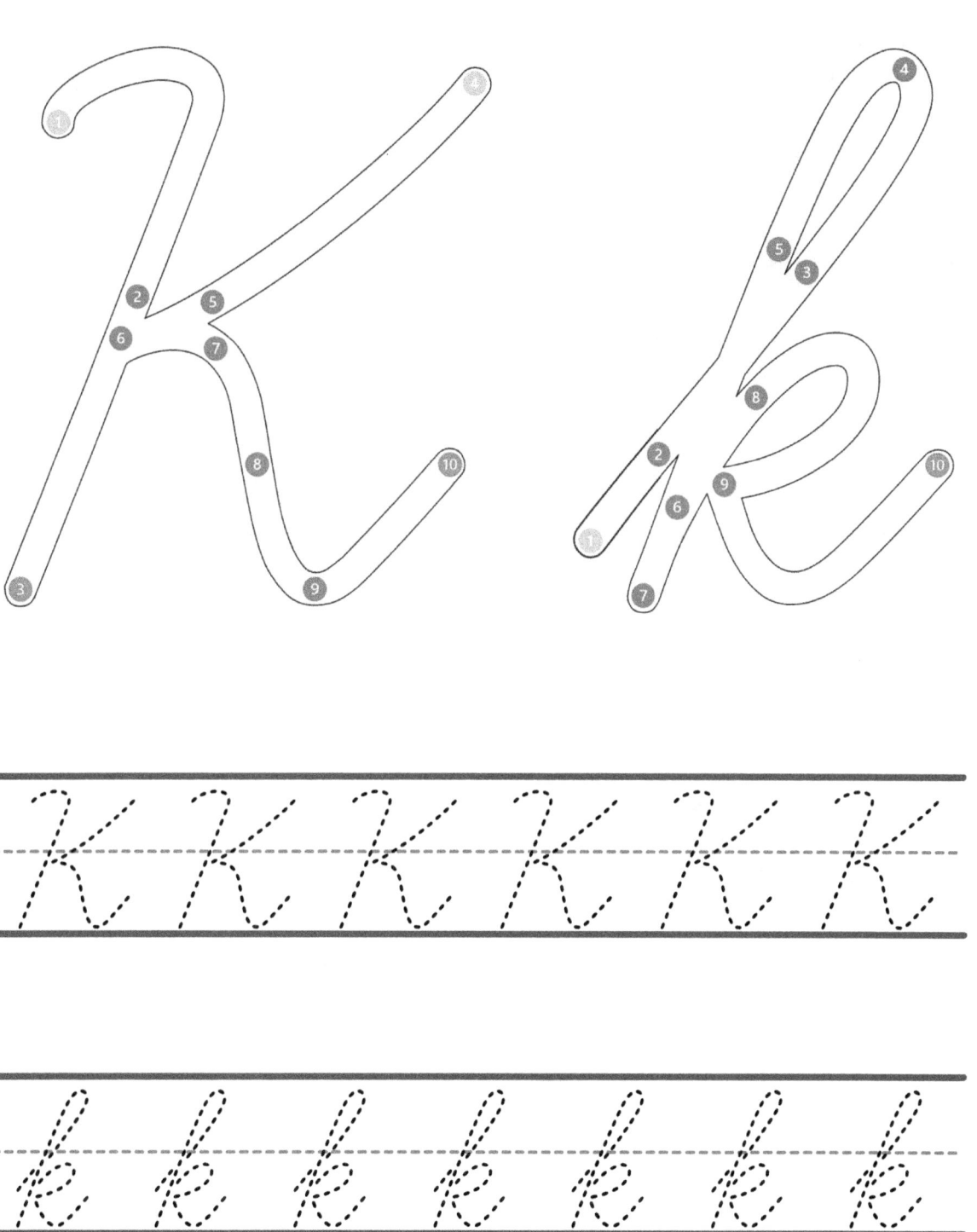

41

k k k k k k k k k

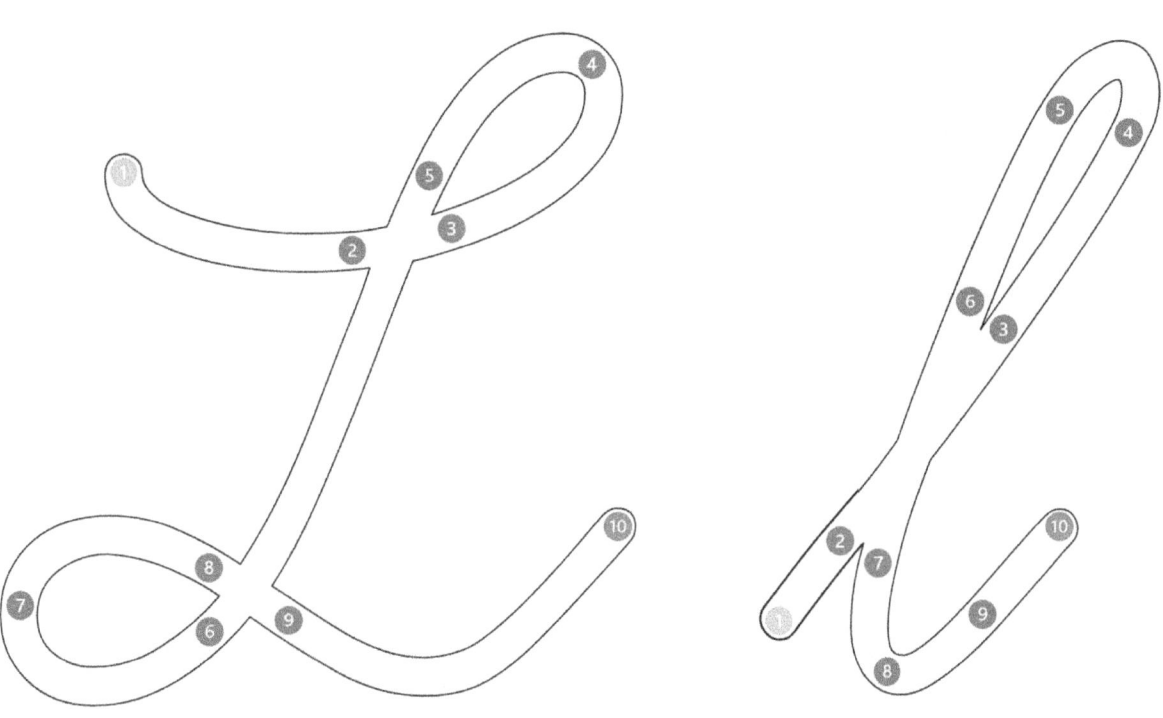

ℓ ℓ ℓ ℓ ℓ ℓ ℓ ℓ ℓ ℓ

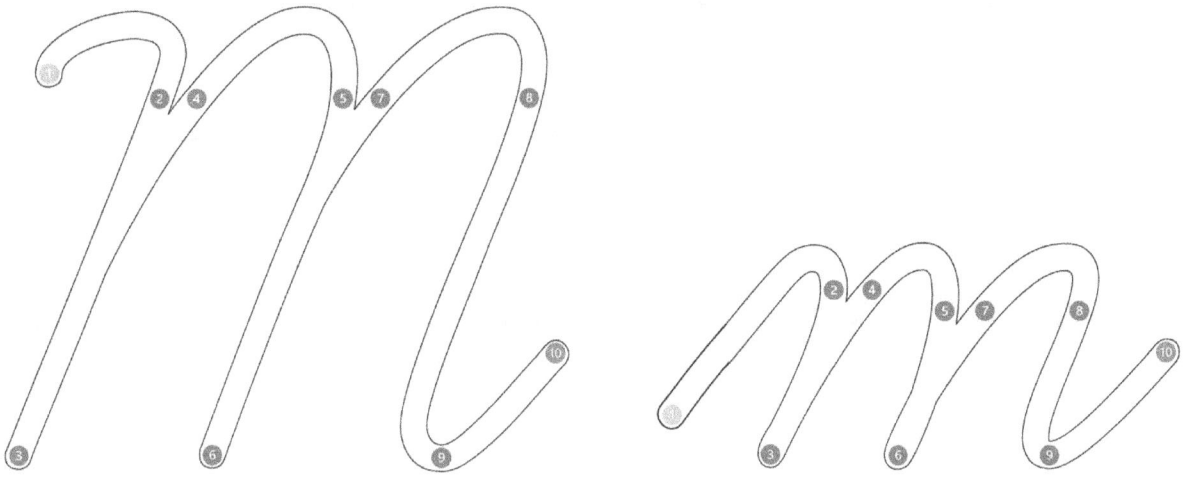

m m m m

m   m   m   m   m

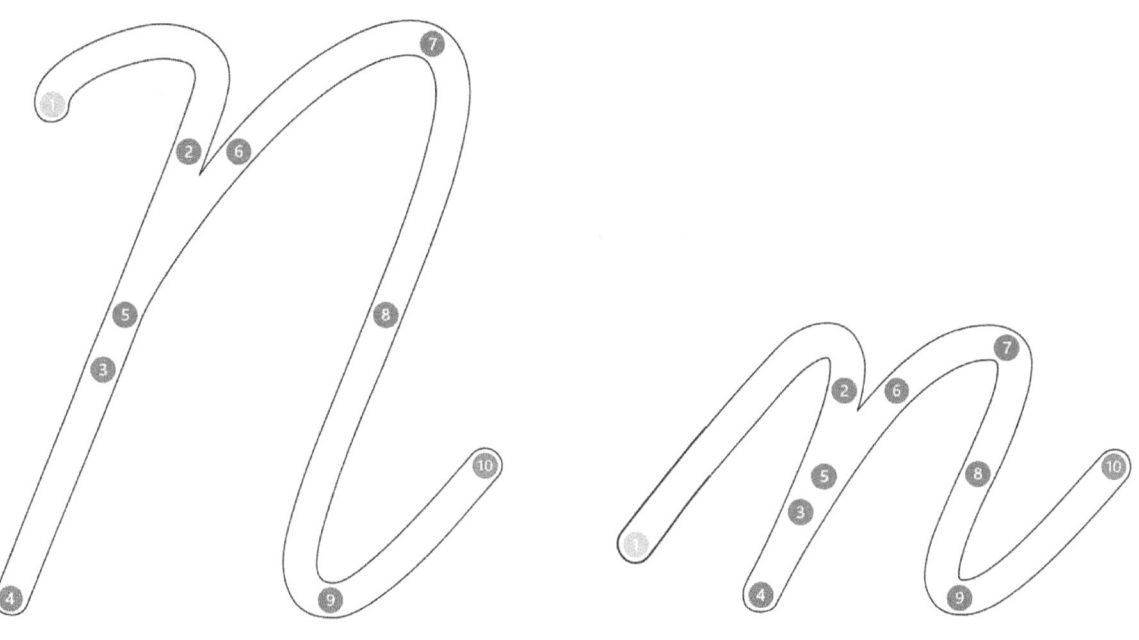

n n n n n n

n   n   n   n   n   n

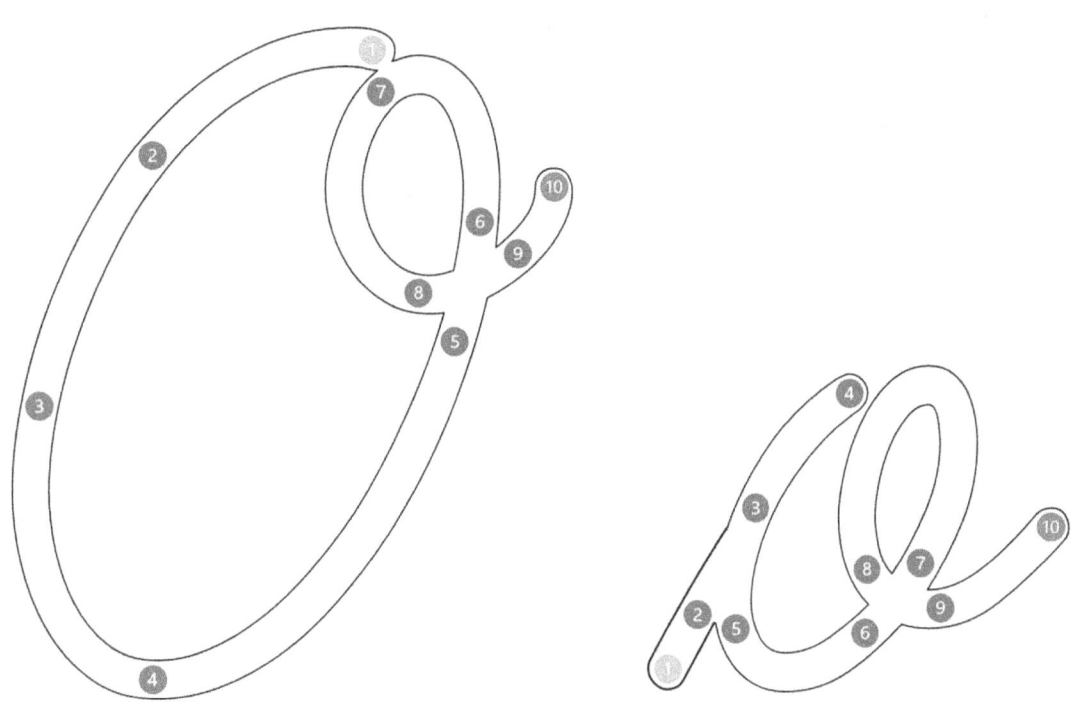

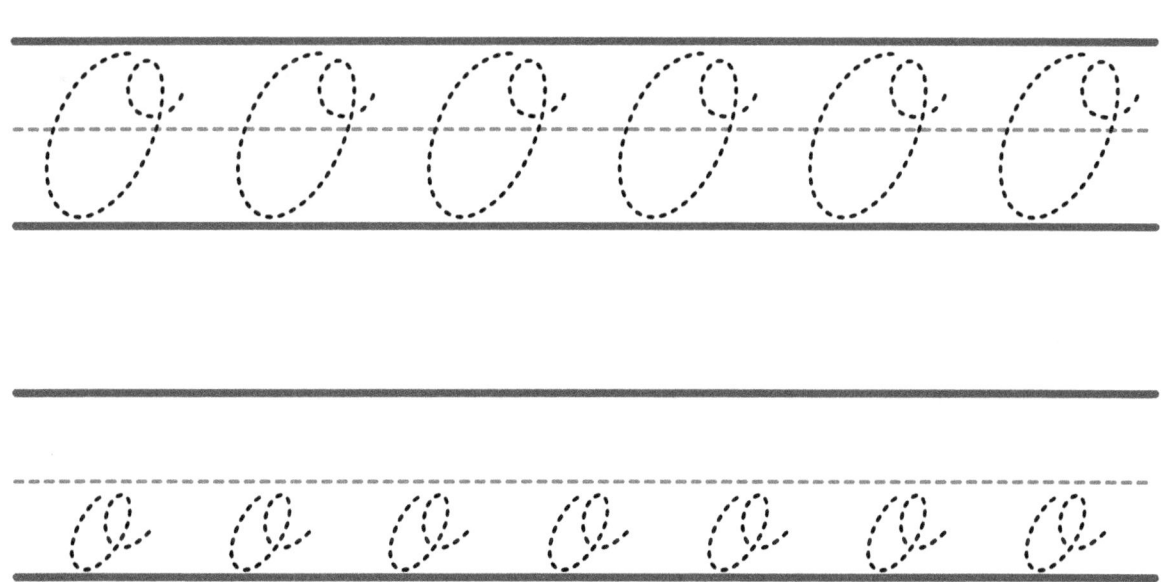

$\mathcal{O}$ $\mathcal{O}$ $\mathcal{O}$ $\mathcal{O}$ $\mathcal{O}$ $\mathcal{O}$ $\mathcal{O}$ $\mathcal{O}$

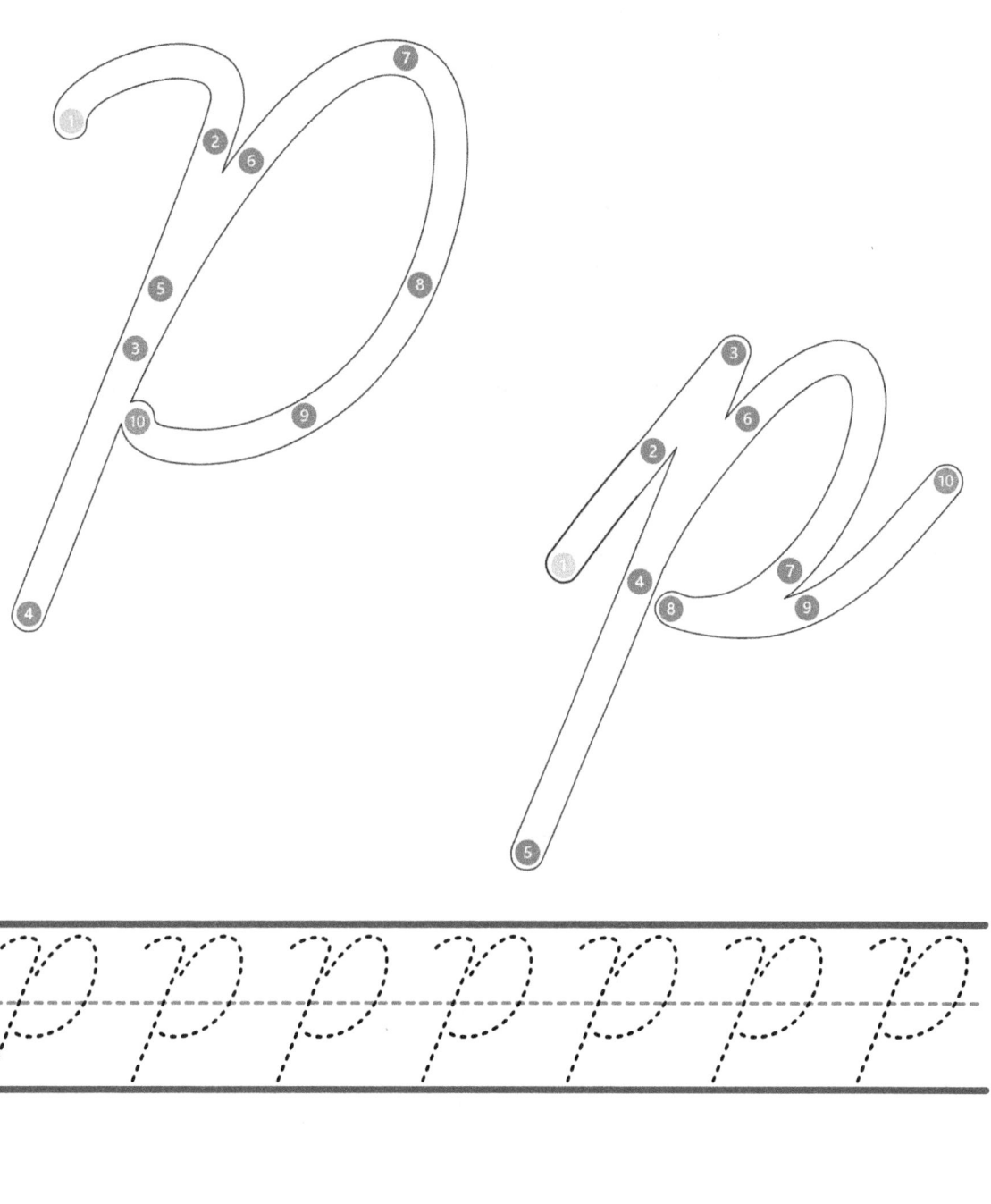

P P P P P P P

p p p p p p p

Aa Bb Cc Dd Ee Ff Gg Hh Ii Jj Kk Ll Mm Nn Oo **Pp** Qq Rr Ss Tt Uu Vv Ww Xx Yy Zz
Aa Bb Cc Dd Ee Ff Gg Hh Ii Jj Kk Ll Mm Nn Oo **Pp** Qq Rr Ss Tt Uu Vv Ww Xx Yy Zz

p p p p p p p p

63

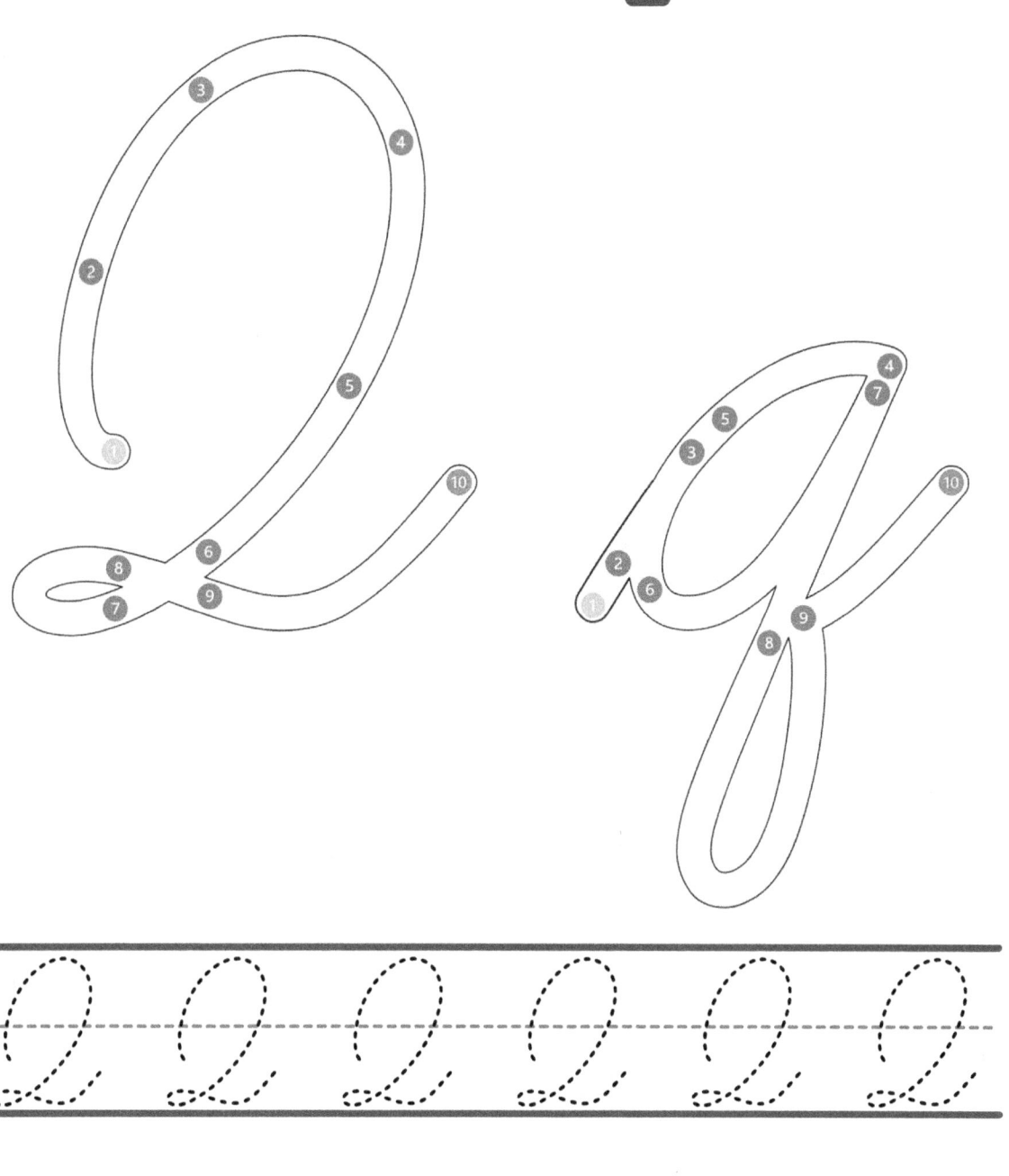

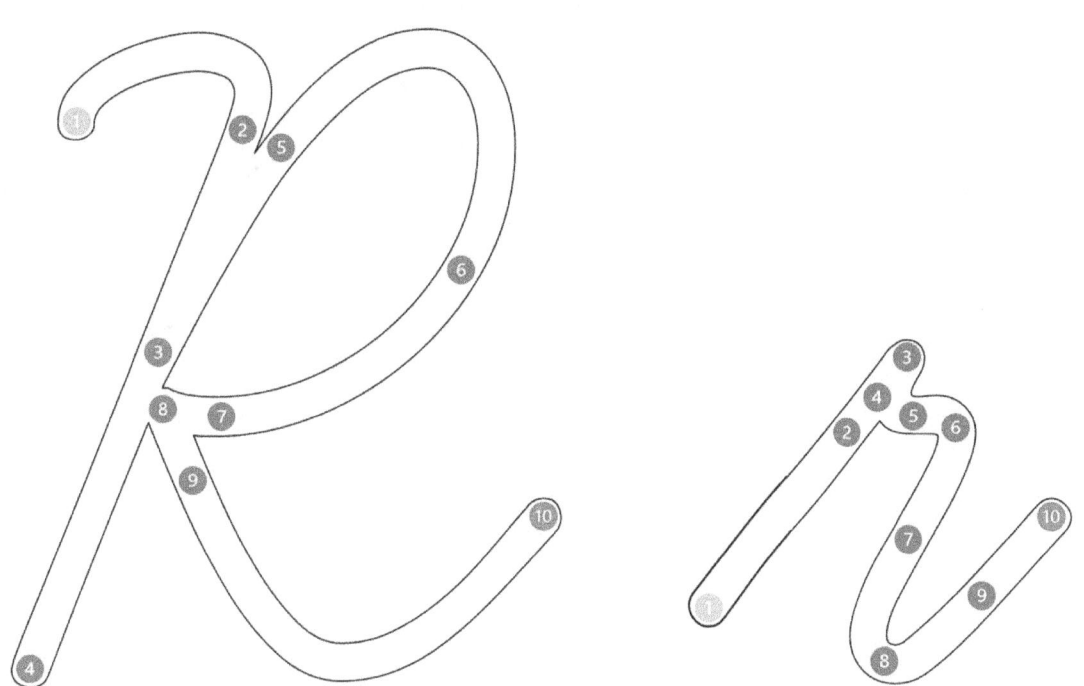

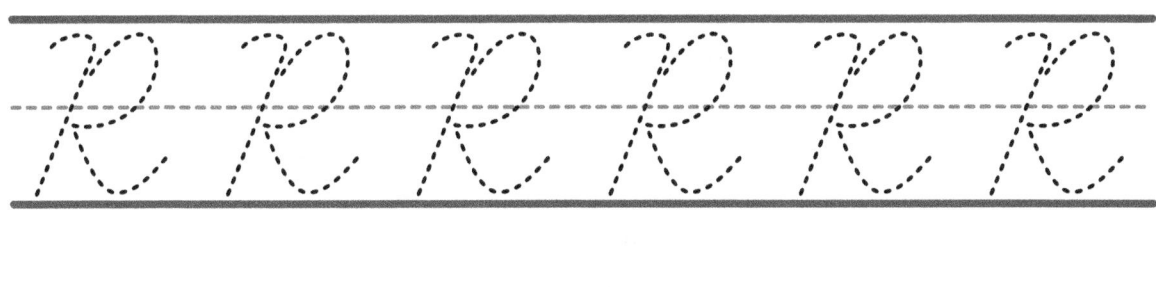

R R R R R R

v v v v v v v v v

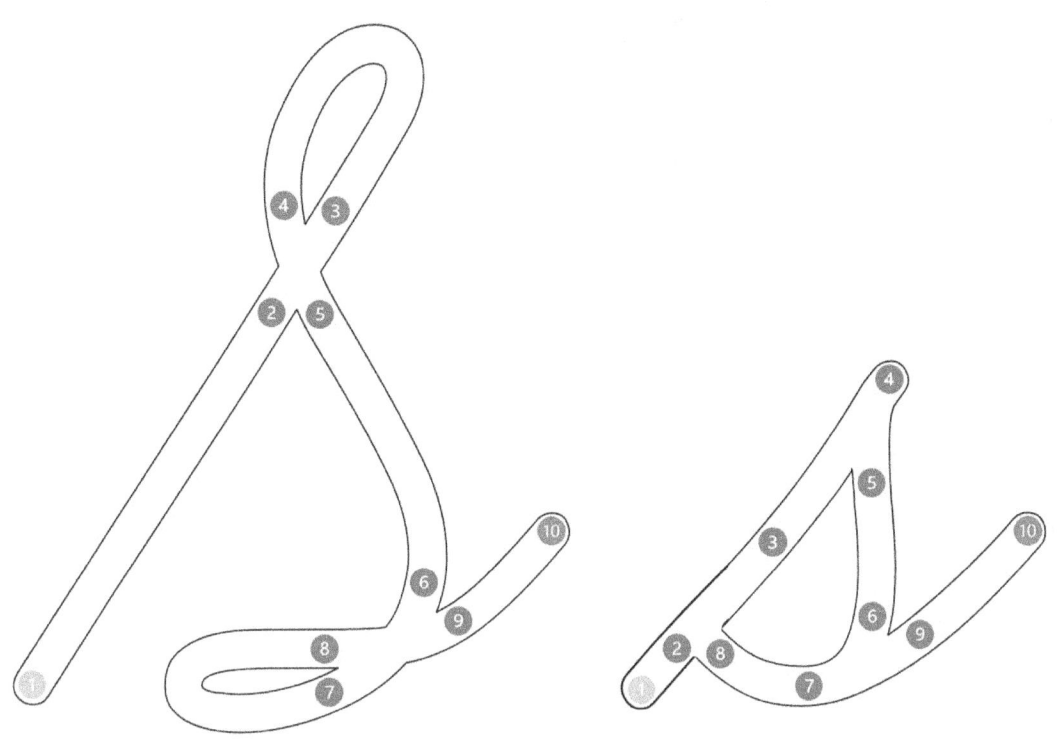

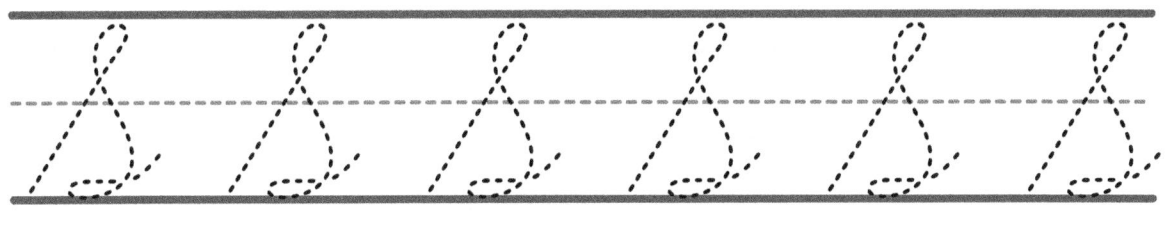

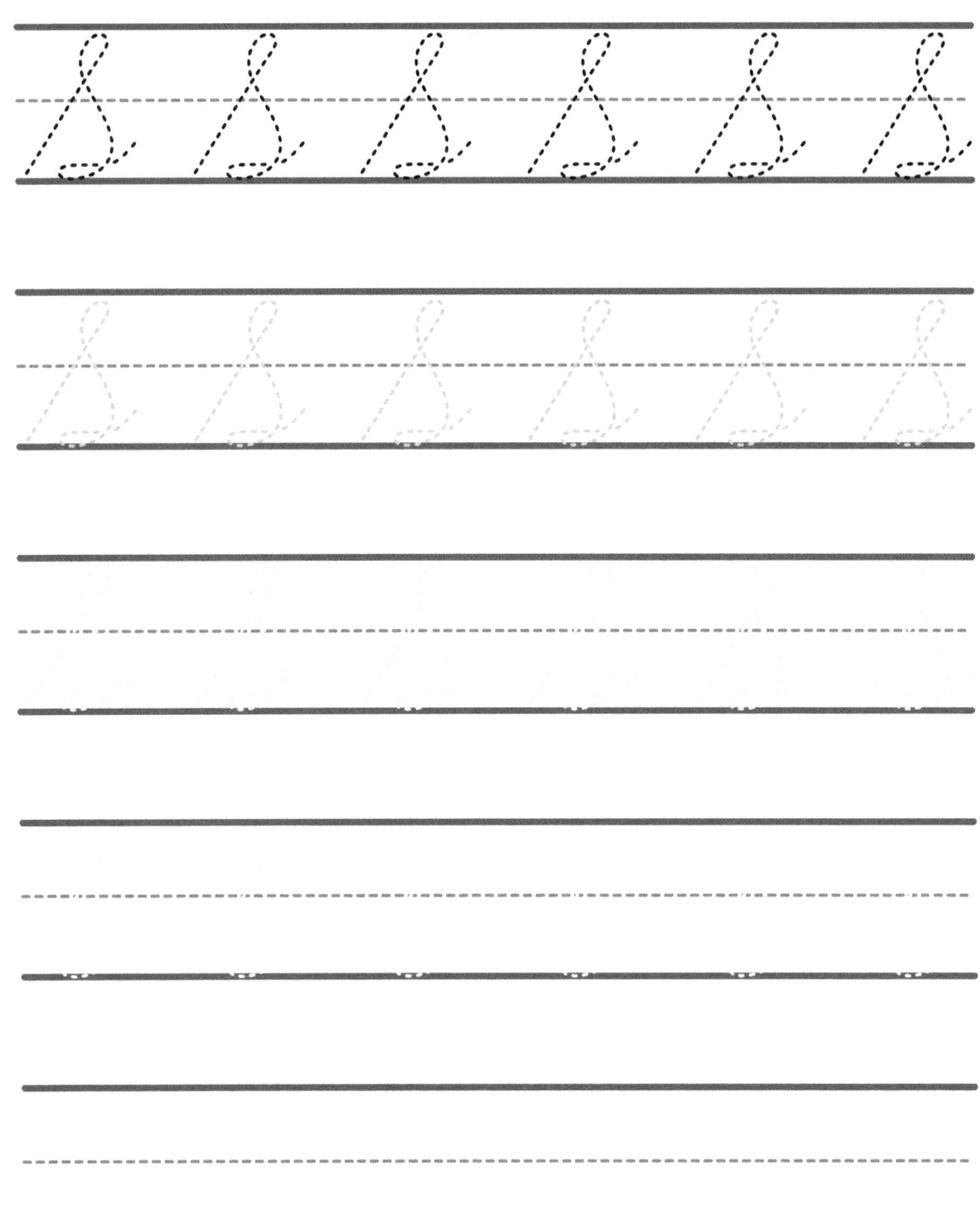

s s s s s s s s s

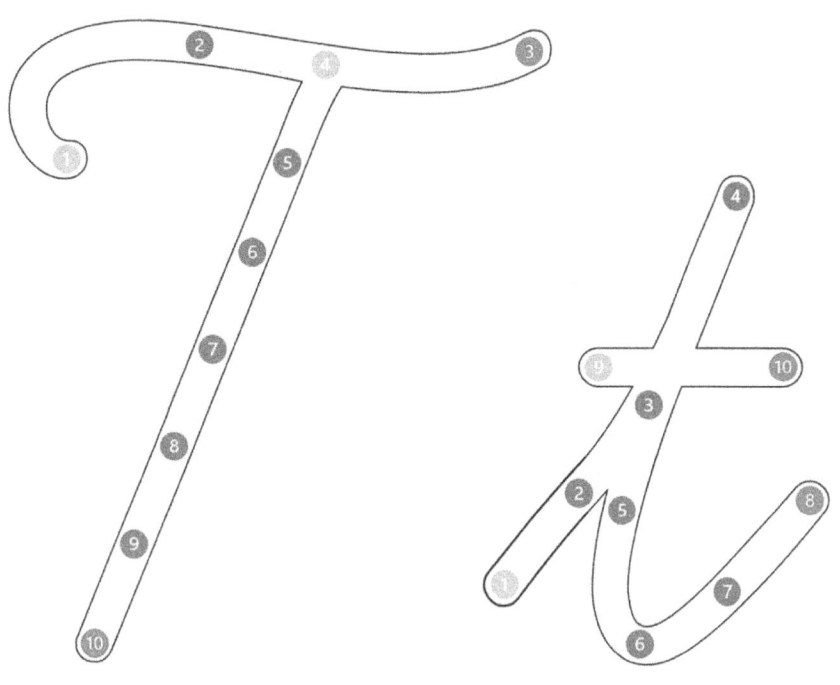

Aa Bb Cc Dd Ee Ff Gg Hh Ii Jj Kk Ll Mm Nn Oo Pp Qq Rr Ss Tt Uu Vv Ww Xx Yy Zz
Aa Bb Cc Dd Ee Ff Gg Hh Ii Jj Kk Ll Mm Nn Oo Pp Qq Rr Ss Tt Uu Vv Ww Xx Yy Zz

t t t t t t t t t

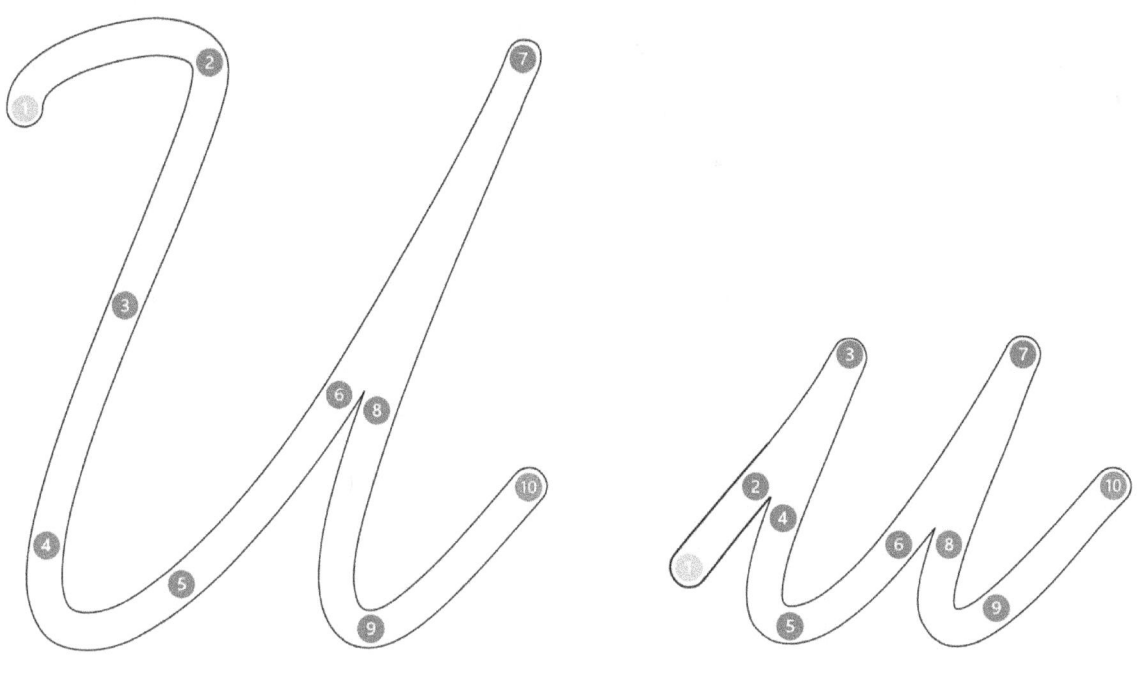

Aa Bb Cc Dd Ee Ff Gg Hh Ii Jj Kk Ll Mm Nn Oo Pp Qq Rr Ss Tt **Uu** Vv Ww Xx Yy Zz
Aa Bb Cc Dd Ee Ff Gg Hh Ii Jj Kk Ll Mm Nn Oo Pp Qq Rr Ss Tt **Uu** Vv Ww Xx Yy Zz

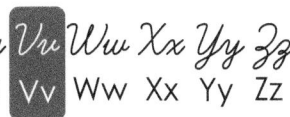
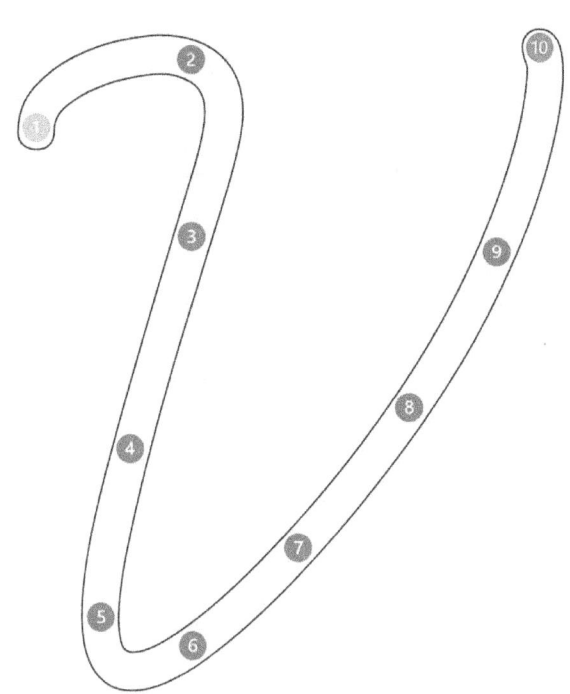

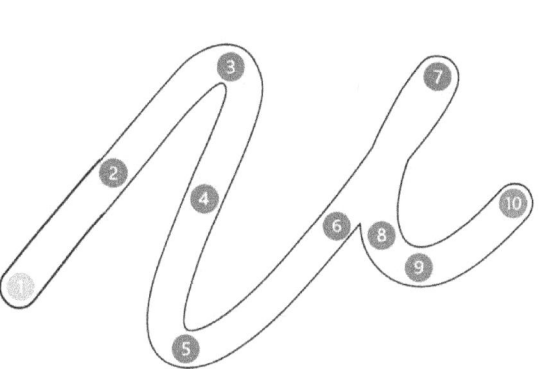

U U U U U U U

U U U U U U U

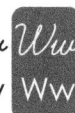
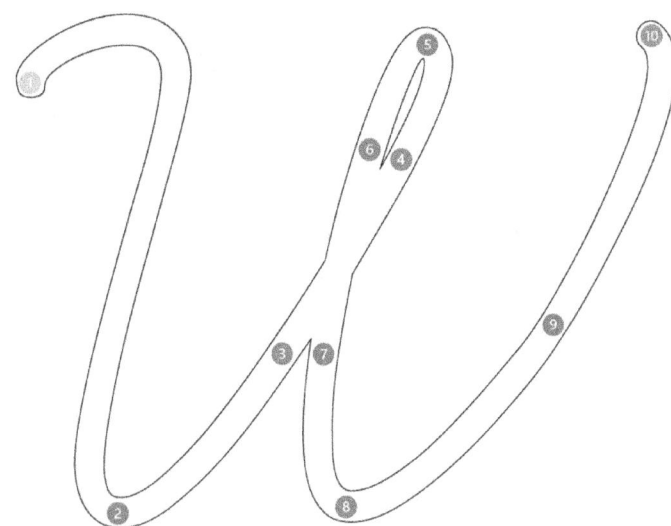

Uu Uu Uu Uu Uu Uu

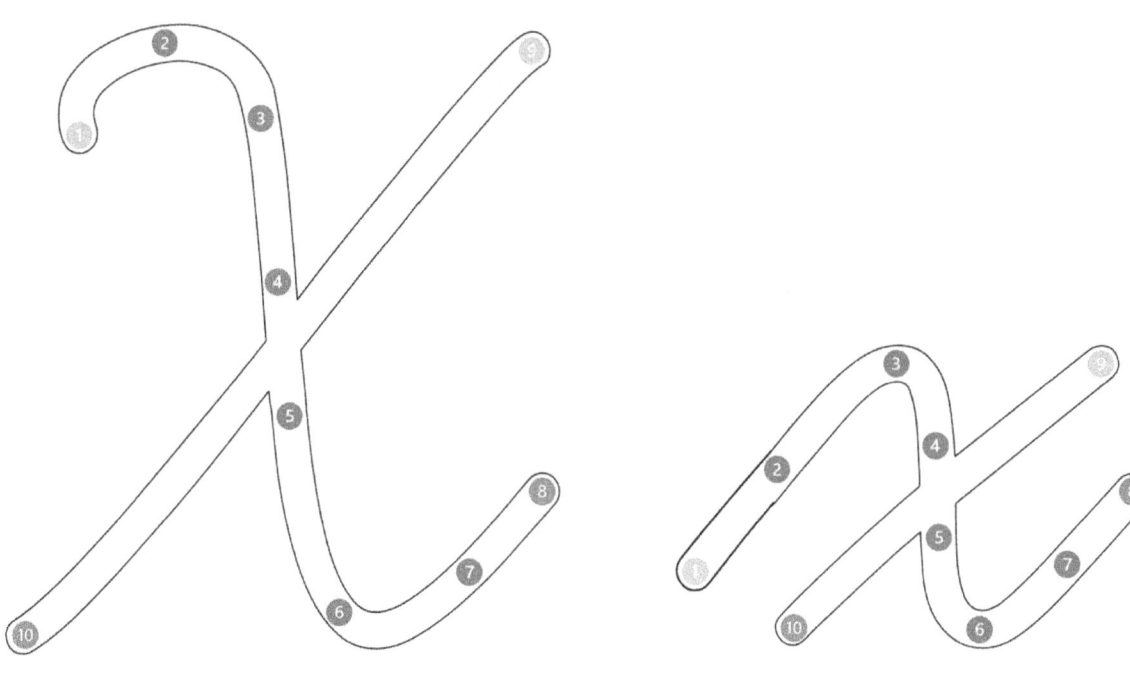

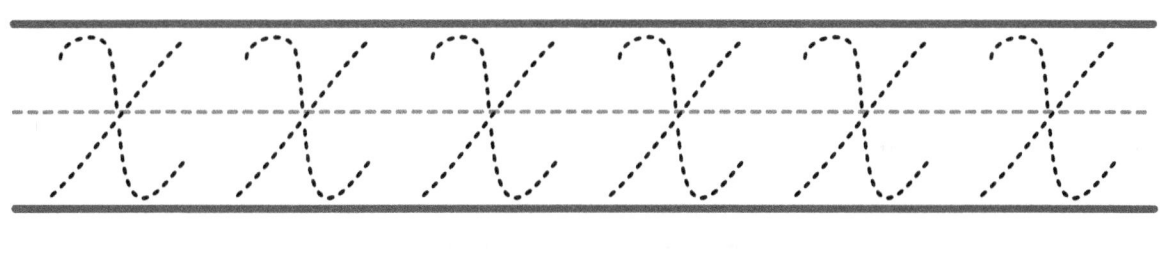

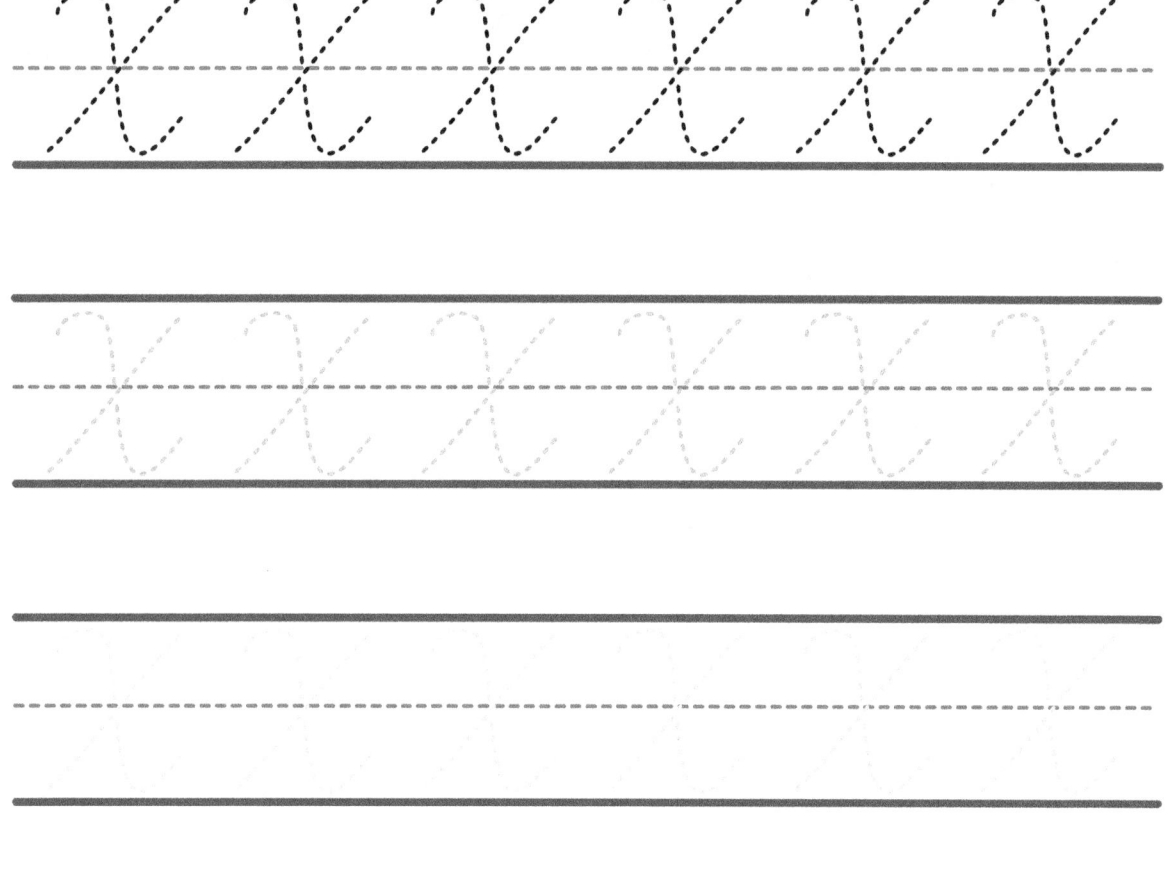

x x x x x x x

x x x x x x x

Aa Bb Cc Dd Ee Ff Gg Hh Ii Jj Kk Ll Mm Nn Oo Pp Qq Rr Ss Tt Uu Vv Ww Xx Yy Zz
Aa Bb Cc Dd Ee Ff Gg Hh Ii Jj Kk Ll Mm Nn Oo Pp Qq Rr Ss Tt Uu Vv Ww Xx Yy Zz

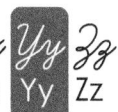

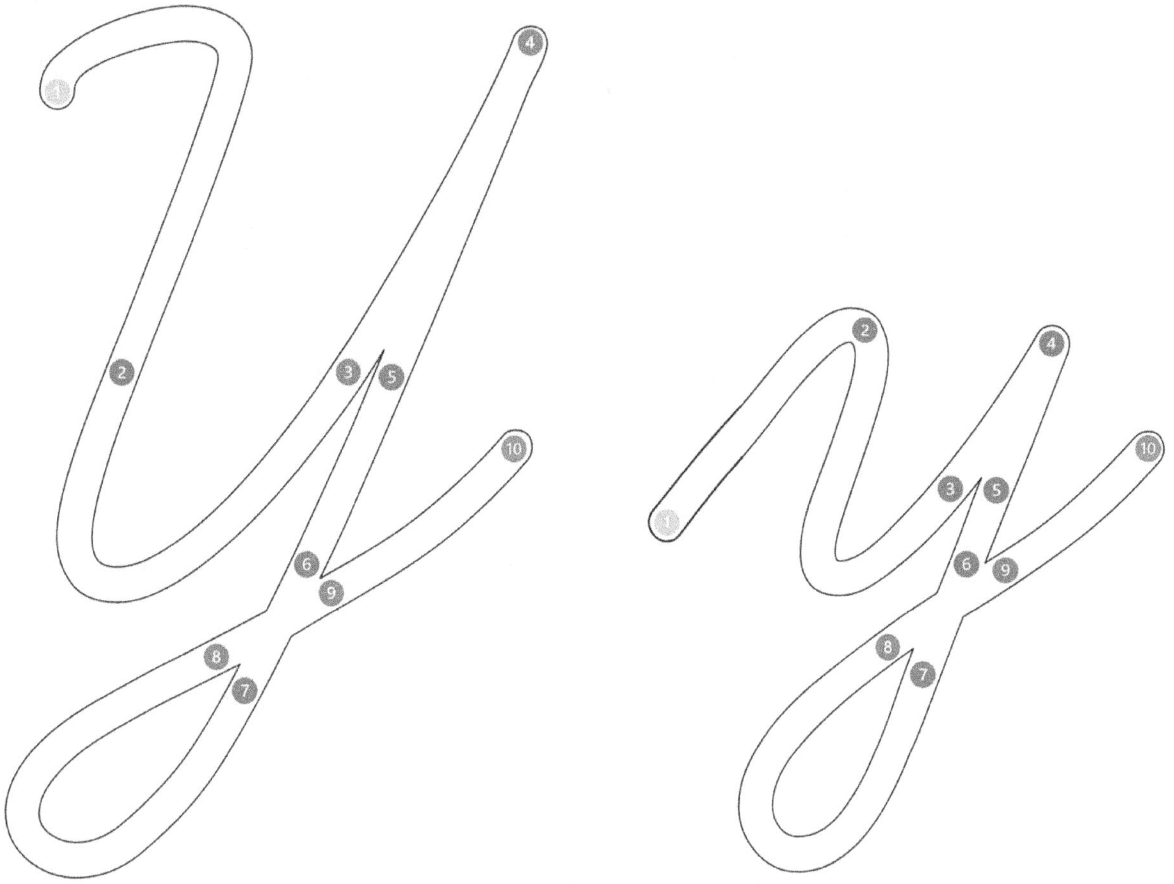

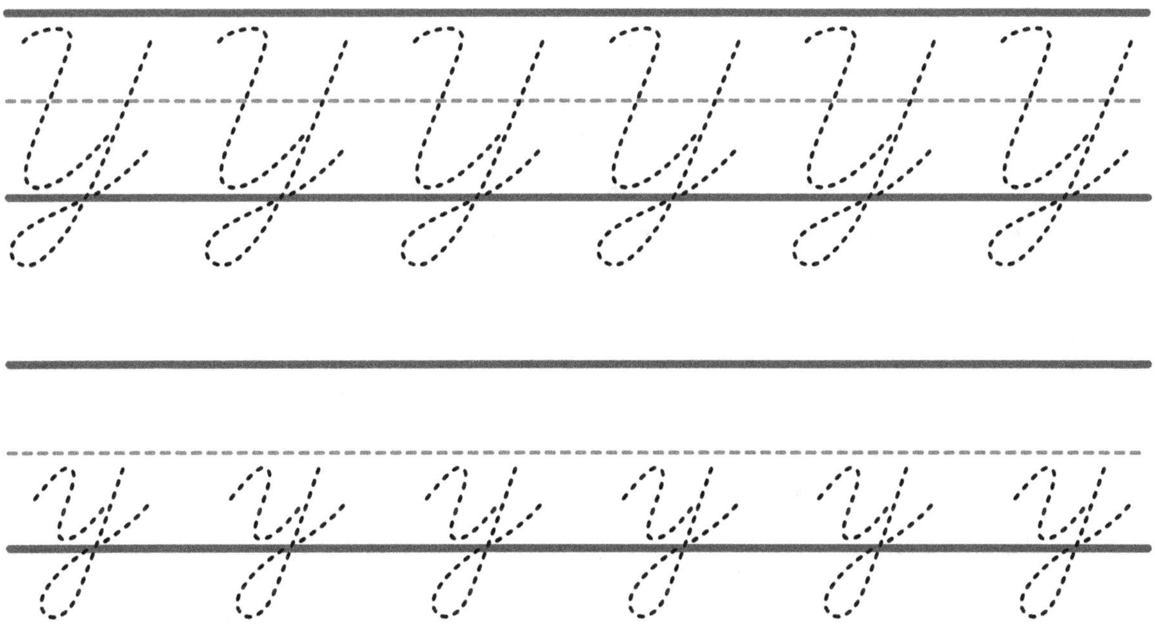

98

$\mathcal{Y}$ $\mathcal{Y}$ $\mathcal{Y}$ $\mathcal{Y}$ $\mathcal{Y}$ $\mathcal{Y}$

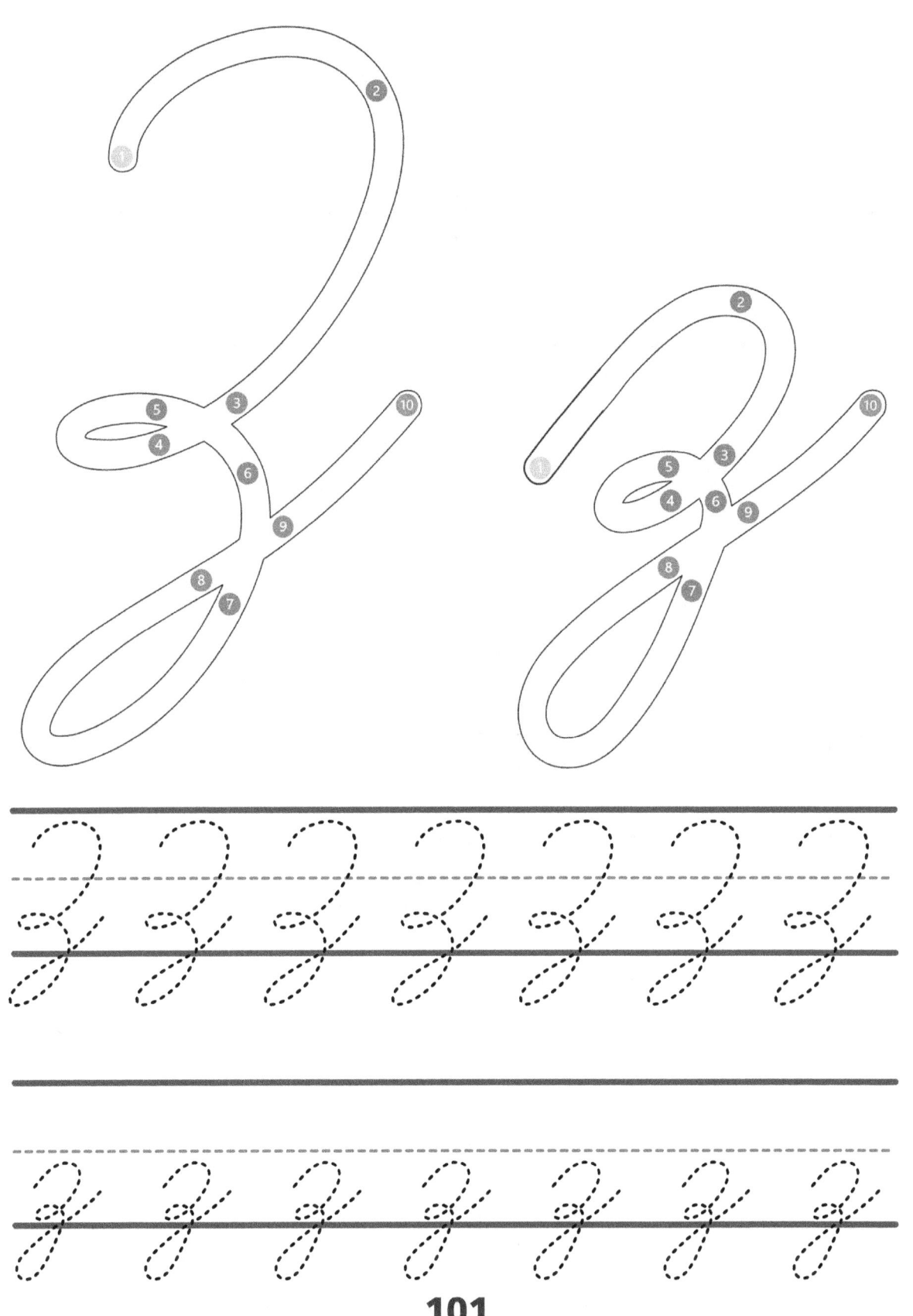

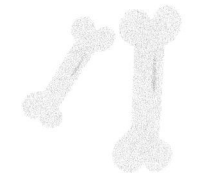

CHAPTER 2
WORDS

In this chapter, you will learn how to connect letters together. Unlike printing, most cursive letters link together to form a word. Let's begin your connecting skills by writing positive words.

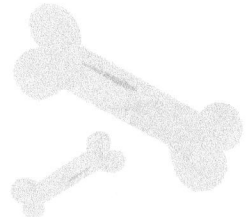

Aa *Bb* *Cc* *Dd* *Ee* *Ff* *Gg* *Hh* *Ii* *Jj* *Kk* *Ll* *Mm* *Nn* *Oo* *Pp* *Qq* *Rr* *Ss* *Tt* *Uu* *Vv* *Ww* *Xx* *Yy* *Zz*

Aa Bb Cc Dd Ee Ff Gg Hh Ii Jj Kk Ll Mm Nn Oo Pp Qq Rr Ss Tt Uu Vv Ww Xx Yy Zz

Adventurous

Adventurous

Adventurous

Adventurous

Brave Brave

Brave Brave

Brave Brave

Brave Brave

Brave Brave

Cheerful

Cheerful

Cheerful

Cheerful

Devoted

Devoted

Devoted

Denoted

Entertaining

Entertaining

Entertaining

Entertaining

Entertaining

Fluffy Fluffy

Fluffy Fluffy

Fluffy Fluffy

116

Fluffy Fluffy

Goofy Goofy

Goofy Goofy

Goofy Goofy

Goofy Goofy

Helpful

Helpful

Helpful

120

Helpful

Intelligent

Intelligent

Intelligent

Intelligent

Jolly Jolly

Jolly Jolly

Jolly Jolly

Jolly Jolly

Kind Kind

Kind Kind

Kind Kind

Kind Kind

Kind Kind

Loyal Loyal

Loyal Loyal

Loyal Loyal

Loyal Loyal

Loyal Loyal

Motivated

Motivated

Motivated

Motivated

Motivated

Noble Noble

Noble Noble

Noble Noble

Noble Noble

Noble Noble

Obedient

Obedient

Obedient

Obedient

Obedient

Protective

Protective

Protective

Protective

Protective

Quick   Quick

Quick   Quick

Quick   Quick

Quick Quick

Rowdy

Rowdy

Rowdy

Rowdy

Shaggy

Shaggy

Shaggy

Shaggy

Trusting

Trusting

Trusting

144

Trusting

Trusting

Understanding

Understanding

Understanding

146

Understanding

Understanding

Versatile

Versatile

Versatile

Versatile

Watchful

Watchful

Watchful

Watchful

Xenial

Xenial

Xenial

Xenial

Xenial

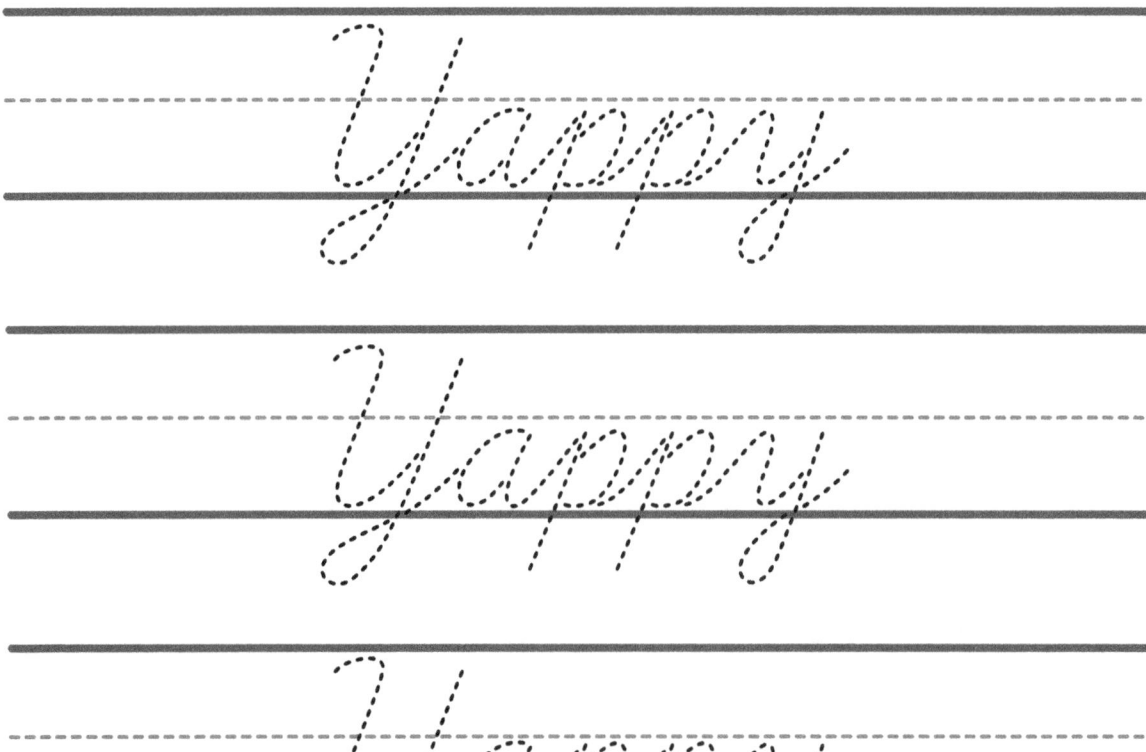

Yappy

Yappy

Yappy

Yappy

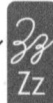

Zany   Zany

Zany   Zany

Zany   Zany

CHAPTER 3
SENTENCES

In this final chapter, you will have some fun learning doggy definitions as you develop muscle memory for your new skills. Some words are long, others are short, but as you practice writing your new cursive letters, you can be proud of your hard work learning a new life skill!

Doggy Definitions

Adventurous

means taking

risks to find

excitement.

Doggy Definitions

Brave means

not showing

fear when

danger comes.

Doggy Definitions

To be cheerful

is to show

you are feeling

happy.

164

Doggy Definitions

A devoted dog

is loving and

loyal.

Doggy Definitions

If your dog

makes you

laugh, they are

entertaining.

Doggy Definitions

Fluffy means

soft and light

like cotton.

Aa Bb Cc Dd Ee Ff Gg Hh Ii Jj Kk Ll Mm Nn Oo Pp Qq Rr Ss Tt Uu Vv Ww Xx Yy Zz

Aa Bb Cc Dd Ee Ff Gg Hh Ii Jj Kk Ll Mm Nn Oo Pp Qq Rr Ss Tt Uu Vv Ww Xx Yy Zz

Doggy Definitions

To be goofy is

to be rather

silly, wacky,

or nutty.

Doggy Definitions

Dogs are

helpful by

being willing

to help.

Doggy Definitions

Learning new

skills shows

dogs are

intelligent.

Doggy Definitions

To be happy

and cheerful

is to be jolly.

Doggy Definitions

A dog is kind

by being

gentle and

patient.

Doggy Definitions

A loyal dog

will never

leave your

side.

Doggy Definitions

When a dog is

motivated

they have a

desire to succeed.

Doggy Definitions

To be noble is

to show fine

qualities like

courage.

Doggy Definitions

If a dog does

a trick as told,

then they are

obedient.

Doggy Definitions

Protective

means to show

a strong desire

to keep us safe.

Doggy Definitions

To be quick

is to be a fast

runner and a

fast thinker.

Doggy Definitions

Some dogs are

rowdy by

being loud

and nutty.

Aa Bb Cc Dd Ee Ff Gg Hh Ii Jj Kk Ll Mm Nn Oo Pp Qq Rr Ss Tt Uu Vv Ww Xx Yy Zz

Aa Bb Cc Dd Ee Ff Gg Hh Ii Jj Kk Ll Mm Nn Oo Pp Qq **Rr** Ss Tt Uu Vv Ww Xx Yy Zz

Doggy Definitions

Shaggy

means to have

long, thick

hair.

Doggy
Definitions

To be trusting

is to believe

people are

honest.

Doggy Definitions

Understanding

means being

aware of

others' feelings.

Doggy Definitions

Versatile

means you

can do many

things.

Doggy Definitions

To be watchful

is to be on the

lookout for

danger.

Doggy Definitions

Xenial means

friendly and

welcoming to

guests.

Doggy Definitions

To be yappy

is to bark in

a sharp, loud,

and high voice.

Doggy Definitions

Zany means

very silly

behaviors.

A SMALL ASK...

Now that you completed this book, what did you think? It would mean the world to us if you left an honest review on Amazon. Your candid review will help other customers make an informed purchase and will also help us improve future editions.

THANK YOU!

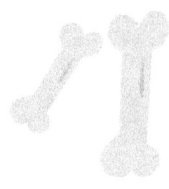